Aldeia de Monsanto

**De pedras julgava o viajante ter visto tudo.
Não o diga quem nunca veio a Monsanto.**

The traveller thought he'd seen it all that was from stone. Let such thing not be spoken from those who never visited Monsanto.

José Saramago

Ilustração de Ricardo Coelho | Portugal: Todas as Cores
Citação de José Saramago (trad. J. Loja) | Aldeia de Monsanto, Portugal

Palácio da Pena

**Se houvesse degraus na terra e tivesse anéis o céu,
eu subiria os degraus e aos anéis me prenderia.**

*If there were steps on earth and on the sky rings,
I would climb the steps and to the rings attach myself.*

Herberto Helder

Ilustração de Ricardo Coelho | Portugal: Todas as Cores
Citação de Herberto Helder (trad. I. Neves) | Palácio da Pena, Sintra, Portugal

Torre dos Clérigos

**Dir-se-ia antes uma casa,
um pouco mais alta que um império
e um pouco mais indecifrável**

*One would rather call it a house,
a little taller than an empire
and slightly more inscrutable*

Manuel António Pina

Ilustração de Ricardo Coelho | Portugal: Todas as Cores
Citação de Manuel António Pina (trad. A. Hudson) | Torre dos Clérigos, Porto, Portugal

Serra do Pilar

**Olhas o rio
como se fora o leito
da tua infância**

*You look at the river
as if it were your childhood bed*

Eugénio de Andrade

Ilustração de Ricardo Coelho | Portugal: Todas as Cores
Citação de Eugénio de Andrade (trad. A. Levitin) | Serra do Pilar, V. N. Gaia, Portugal

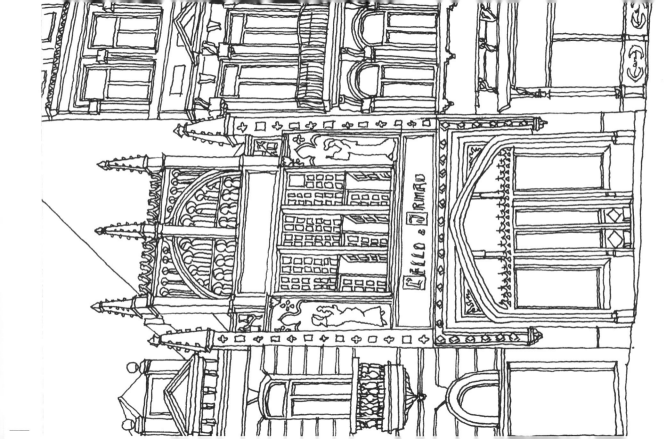

Livraria Lello

Ler é sonhar pela mão de outrem.
To read is to dream, guided by someone else's hand.
Fernando Pessoa

Ilustração de Ricardo Coelho | Portugal: Todas as Cores
Citação de Fernando Pessoa (trad. R. Zenith) | Livraria Lello, Porto, Portugal

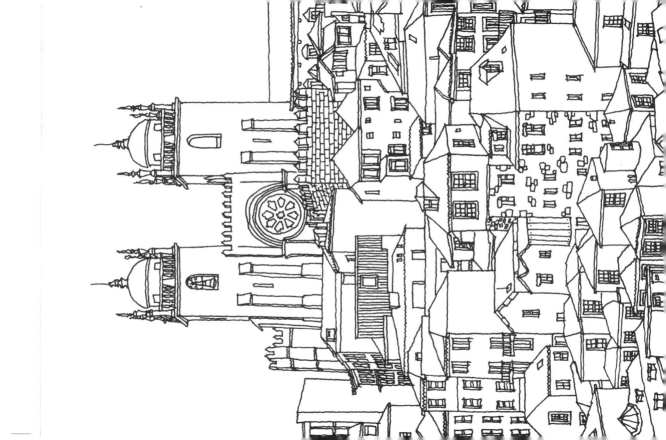

Sé do Porto

Não há beleza completa sem uma pontinha de saudade.

There is no complete beauty without an inkling of nostalgia.

Raul Brandão

Ilustração de Ricardo Coelho | Portugal: Todas as Cores
Citação de Raul Brandão (trad. I. Neves) | Sé do Porto, Portugal

Coimbra

Rios que perdi sem os levar ao mar...
Rivers I lost without carrying them to sea...

Mário de Sá-Carneiro

Ilustração de Ricardo Coelho | Portugal: Todas as Cores
Citação de Mário de Sá-Carneiro (trad. J. Loja) | Coimbra, Portugal

Universidade de Coimbra

**Uma torre constrói-se com palavras
com lembranças com vírgulas**

*A tower is built with words
with memories with commas*

Manuel Alegre

Ilustração de Ricardo Coelho | Portugal: Todas as Cores
Citação de Manuel Alegre (trad. J. Loja) | Universidade de Coimbra, Portugal

Mosteiro dos Jerónimos

As nações são todas mistérios.
Cada uma é todo o mundo a sós.

Every nation is a mystery.
Each one, by itself, is the whole world.

Fernando Pessoa

Ilustração de Ricardo Coelho | Portugal: Todas as Cores
Citação de Fernando Pessoa (trad. R. Zenith) | Mosteiro dos Jerónimos, Lisboa, Portugal

Torre de Belém

**Não, Tejo,
não és tu que em mim te vês,
— sou eu que em ti me vejo!**

*No, Tejo,
It's not you that's reflected in me
— it's me that's reflected in you!*

Alexandre O'Neill

Ilustração de Ricardo Coelho | Portugal: Todas as Cores
Citação de Alexandre O'Neill (trad. I. Neves) | Torre de Belém, Lisboa, Portugal

Bairro Alto

**Em todas as ruas te encontro
em todas as ruas te perco**

*I meet you in every street
I loose you in every street*

Mário Cesariny

Ilustração de Ricardo Coelho | Portugal: Todas as Cores
Citação de Mário Cesariny (trad. I. Neves) | Bairro Alto, Lisboa, Portugal

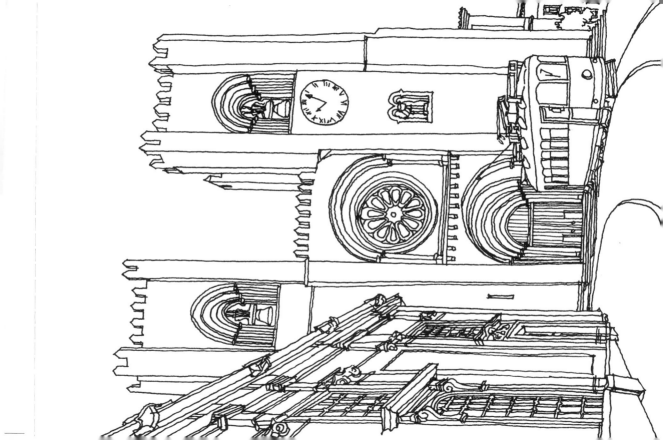

Sé de Lisboa

quantas lisboas estão enterradas? ou submersas?
how many lisbons are buried? submerged?

Al Berto

Ilustração de Ricardo Coelho | Portugal: Todas as Cores
Citação de Al Berto (trad. J. Loja) | Sé de Lisboa, Portugal

Convento de Mafra

O tempo nunca coube num relógio.
Time never fit in a clock.
José Gomes Ferreira

Ilustração de Ricardo Coelho | Portugal: Todas as Cores
Citação de José Gomes Ferreira (trad. I. Neves) | Convento de Mafra, Portugal

Templo de Diana

**E deixa sobre as ruínas crescer heras.
Deixa-as beijar as pedras e florir!**

*And let ivy grow over the ruins.
Let it kiss the stones and bloom!*

Florbela Espanca

Ilustração de Ricardo Coelho | Portugal: Todas as Cores
Citação de Florbela Espanca (trad. J. Sousa) | Templo Romano de Évora, Portugal

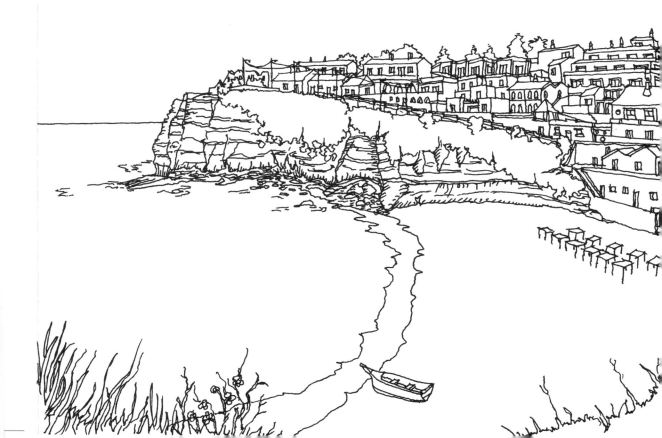

Algarve

Mar,
metade da minha alma é feita de maresia.

Sea,
half of my soul is made of salty sea scent.

Sophia de Mello Breyner Andresen

Ilustração de Ricardo Coelho | Portugal: Todas as Cores
Citação de Sophia de Mello Breyner Andresen (trad. I. Neves) | Carvoeiro, Portugal

Sé de Faro

Estou vivo e escrevo sol.
I'm alive and I write sun.

António Ramos Rosa

Ilustração de Ricardo Coelho | Portugal: Todas as Cores
Citação de António Ramos Rosa (trad. I. Neves) | Sé de Faro, Portugal

Santuário de Fátima

**Uma pequenina luz bruxuleante
não na distância brilhando no extremo da estrada
aqui no meio de nós e a multidão em volta**

*A little flickering light
not in the distance, shining at the end of the road,
but here among us and the crowd around*

Jorge de Sena

Ilustração de Ricardo Coelho | Portugal: Todas as Cores
Citação de Jorge de Sena (trad. J. Griffin) | Santuário de Fátima, Portugal

Castelo de Guimarães

Vejo, diante de mim, quiméricas presenças,
Horizontes de sonho que me cingem

I see before me fantastical presences,
Dreamed horizons that gird me

Teixeira de Pascoaes

Ilustração de Ricardo Coelho | Portugal: Todas as Cores
Citação de Teixeira de Pascoaes (trad. R. Zenith) | Castelo de Guimarães, Portugal

Madeira

**Só as casas explicam que exista
uma palavra como intimidade.**

*Only houses can explain
why a word like intimacy exists.*

Ruy Belo

Ilustração de Ricardo Coelho | Portugal: Todas as Cores
Citação de Ruy Belo (trad. R. Zenith) | Santana, Madeira, Portugal

Açores

Movimento do mar que te coaste por mim!
Sabor do mar que estalaste a tua língua em mim!
Salgadas extensões imperiais que eu herdo!

Motion of the sea, you distilled yourself for me!
Savor of the sea that burst on your tongue in me!
Briny imperial expanse to which I am heir!

Vitorino Nemésio

Ilustração de Ricardo Coelho | Portugal: Todas as Cores
Citação de Vitorino Nemésio (trad. K. Washbourne) | São Roque, Açores, Portugal